Epictetus
Enchiridion

Epictetus
Enchiridion

지혜에 관한 작은 책, 엥케이리디온

나를 위해 살지 않으면 남을 위해 살게 된다

에픽테토스 | 노윤기 옮김

page2

일러두기

※ 에픽테토스는 직접 책을 쓰지 않았다. 이 책을 포함한 에픽테토스의 모든 저서는 제자인 아리아노스가 그의 강의와 대화를 엮어 대신 집필한 책이다.

※ 원문의 순서는 그대로 가져왔으며, 원문에는 각 글에 해당하는 제목이 없었으나 이해를 돕기 위해 편집부에서 추가 수록했다.

EPICTETVS

이 책을 먼저 읽은 독자들의 추천

J. Mal* (Amazon)**

지난 3년 동안 저는 많은 것과 여러 사람을 놓아주어야만 했습니다. 그럼에도 '포기하지만 않는다면 그전까지는 아무것도 잃지 않는 것'이라는 집착 때문에 포기해야 할 것들을 억지로 붙잡고 있었죠.

그때 이 책이 눈에 띄었습니다. 이 책을 읽기 전까지는 원하는 것을 얻기 위해 싸워야 하는지 놓아줘야 하는지, 그리고 놓아준다면 언제 놓아주어야 하는지를 두고 항상 어려움을 겪곤 했죠.

저는 후회와 상실감 없이 살 수 있는 힘을 얻기 위해 스토아 사상으로 돌아갔습니다. 이 책은 자기계발서가 아니라 고전 철학책이지만, 제 내면의 갈등을 해결하는 데 큰 도움이 되었습니다. 철학에 관해 알고 싶은 사람뿐 아니라 자기계발적 메시지를 얻고 싶은 사람들에게도 추천합니다. 인생을 어떻게 살아가야 하는지에 대한 매우 훌륭한 지침서라고 생각합니다.

Ruqayyah Sid* (Amazon)**

이 책을 읽자마자 얼마나 엄청난 책인지 깨닫고 깜짝 놀랐습니다. 가능한 한 빨리 구입해야 한다고 생각했죠. 읽고 나서 이 책의 내용들을 일상의 많은 부분에 적용하자, 에픽테토스의 가르침이 제 삶에 구체적인 현실로 다가왔습니다. 이제 문제가 생길 때마다 침착할 수 있을 것 같아요. 특히 감정적인 문제라면 말이죠.

Vezsi* (Amazon)**

에픽테토스의 메시지는 단지 '훌륭한 조언' 그 이상입니다. 이 책이 제 내면의 목소리를 열어주었습니다. 바로 이성의 목소리, 그리고 더 나은 나 자신을 향한 탐구에 지침을 주는 목소리를 말이죠. 이 책은 제가 무엇이든 감당할 수 있도록 힘을 불러일으키고, 저에게 직접적인 영향을 미치는 것만 생각할 수 있도록 도와줍니다.

이 책은 분명히 철학책입니다. 그러나 철학에 관심이 없더라도 학교에서 가르치지 않는 것, 삶을 살아가는 방법을 이 책에서 얻을 수 있습니다. 읽는 분들에게 평화와 사랑을 빕니다. 러브 앤 피스.

CabezaDe* (Amazon)**

메시지가 명확하고, 대부분의 책들보다 짧아 쉽게 읽을 수 있다는 점이 마음에 듭니다. 인생을 살아가는 데 적용할 수 있는, 실천적 철학에 관심이 생겨 구입하게 되었습니다.

진지하게 관심이 있어서 이 리뷰를 읽고 계시다면, 한번 이 책을 읽어보세요. 인생에서 할 수 있는 가장 좋은 일 중 하나가 될 수 있습니다. 저는 세상을 보는 방식과 삶을 살아가는 방식을 재구성하는 데 엄청나게 도움을 받았습니다. 이는 농담도 아니고 과장도 아닙니다. 행운을 빕니다.

Emily We* (Amazon)**

클래식을 넘어서! 스토아학파의 생활 철학과 그 실천이 일상 생활에서 어떻게 도움이 될 수 있는지에 대해 배우고 싶다면 이 책을 읽어보시길.

JD* (Amazon)**

작고 멋진 핸드북. 책은 얇지만 핸드북의 취지에 맞습니다. 가지고 다니거나 다른 사람들에게 나눠주기 매우 좋습니다. 저는 10년 동안 가지고 있었고 동료들에게 선물로 나눠주려고 50권 정도 샀어요.

Phil* (Amazon)**

모든 사람이 읽어야 합니다.

최재* (사전 서평단)

나이가 들수록 인생을 알아간다고 하는데 그렇지도 않은 것 같습니다. 자잘한 일상에 대한 고민은 줄었지만 '인생은 무엇이며 어떻게 살아가야 하는가'에 대한 근본적인 고민은 점점 더 무겁고 깊어지더군요. 그러던 중 에픽테토스의 지혜를 읽고 이에 대한 답을 어렴풋이 찾을 수 있게 되었습니다. "마음의 중심을 다치지 말아야 한다." 타인의 시선에 맞추지 않고 오로지 나를 중심으로 인생을 살아가야 한다는 이 메시지를 남은 인생을 살아가는 데 가슴에 새기려 합니다.

배연* (사전 서평단)

마음이 혼란스럽고 괴로울 때는 사실 책 한 권 읽기가 그렇게 어려워요. 그런데 이 책은 얇고 쉬워서 잘 읽히면서도, 인상적인 문장들이 가득해서 정말 좋았어요! 평소 책을 읽다 좋은 구절이 있으면 밑줄을 치는데, 이 책에는 처음부터 끝까지 밑줄을 치고 싶더라고요.

조이* (사전 서평단)

언젠가부터 일상의 모든 게 버겁게 느껴졌습니다. 누군가가 의미 없이 던진 말 한마디에 혼자 속앓이를 하고, 주변의 행동에 하나하나 의미를 부여하며 스스로를 고통에 몰아넣었습니다. 멈추고 싶었지만 멈출 방법을 알지 못했죠. 하지만 이 책의 메시지 하나가 제 마음을 '쿵' 울렸습니다. 아파서 아픈 게 아니라, 아프게 받아들였기 때문에 아프다는 말. 이 책을 읽으며 스스로를 돌아보고, 나를 둘러싼 외부의 고통을 조금은 능숙하게 받아들이는 법을 배웠습니다.

이수* (사전 서평단)

평소 걱정과 고민이 많아서 읽기 시작했는데 너무 좋았습니다. 이 책을 읽고 나서부터는 화나는 일이 생기면 에픽테토스의 말을 주문처럼 외웁니다. "이게 내가 통제할 수 있는 걸까, 아니면 통제할 수 없는 걸까? 통제할 수 없는 거라면 신경 쓰지 말자." 이렇게 생각하고 나면 불안이 많이 사라지더군요. 제 인생 책 중 하나입니다.

에픽테토스의 초상화

"노예로 태어났어도 실패가 아니다.
절름발이가 되어도 망하지 않았다.
우리는 그 어떤 순간에도 자유인으로 살 수 있다."

에픽테토스는 고대 그리스의 스토아 철학자이다.

그는 태어날 때부터 노예였으며
한쪽 다리가 불편한 불구의 몸이었다.

그러나 자신만의 철학을 갈고닦아
니코폴리스에 철학 학교를 세우고 가르침을 전하며
수많은 이들의 스승이 되어 존경을 받았다.
황제조차 그에게 가르침을 청할 정도였다.

그는 평생 무소유의 삶을 살다 세상을 떠났다.
이후 황제 마르쿠스 아우렐리우스는
그가 남긴 스토아 철학을 바탕으로 로마를 통치했다.

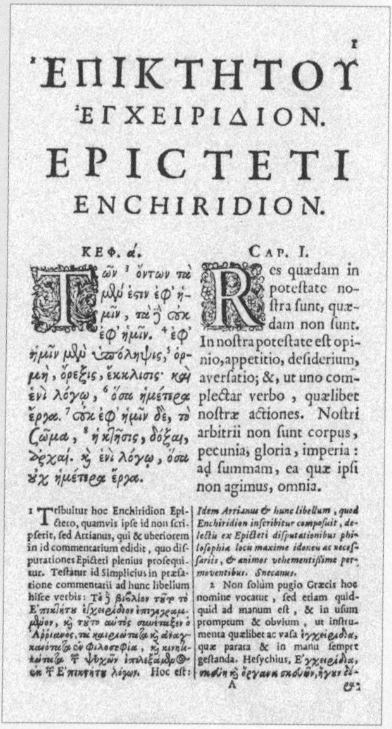

1

ἘΠΙΚΤΗΤΟΥ ἘΓΧΕΙΡΙΔΙΟΝ.

EPICTETI ENCHIRIDION.

ΚΕΦ. α.

Τῶν [3] ὄντων τὰ μὲν ἐστὶν ἐφ᾽ ἡμῖν, τὰ δὲ οὐκ ἐφ᾽ ἡμῖν. [4] ἐφ᾽ ἡμῖν μὲν ὑπόληψις, [5] ὁρμὴ, ὄρεξις, ἔκκλισις· καὶ ἑνὶ λόγῳ, [6] ὅσα ἡμέτερα ἔργα. [7] οὐκ ἐφ᾽ ἡμῖν δὲ, τὸ σῶμα, [8] ἡ κτῆσις, δόξαι, ἀρχαί. καὶ ἑνὶ λόγῳ, ὅσα οὐχ ἡμέτερα ἔργα.

CAP. I.

Res quædam in potestate nostra sunt, quædam non sunt. In nostra potestate est opinio, appetitio, desiderium, aversatio; &, ut uno complectar verbo, quælibet nostræ actiones. Nostri arbitrii non sunt corpus, pecunia, gloria, imperia: ad summam, ea quæ ipsi non agimus, omnia.

1 Tribuitur hoc Enchiridion Epicteto, quamvis ipse id non scripserit, sed Arrianus, qui & uberiorem in id commentarium edidit, quo disputationes Epicteti plenius prosequitur. Testatur id Simplicius in præfatione commentarii ad hunc libellum hisce verbis: Τὸ δὲ βιβλίον τοῦτο τὸ Ἐπικτήτου ἐγχειρίδιον ἐπιγεγραμμένον, καὶ τοῦτο αὐτὸς συνέταξεν ὁ Ἀρριανὸς, τὰ καιριώτατα καὶ ἀναγκαιότατα ἐν φιλοσοφίᾳ, καὶ κινητικώτατα τῶν ψυχῶν ἐπιλεξάμενος ἐκ τῶν Ἐπικτήτου λόγων. Hoc est: *Idem Arrianus & hunc libellum, quod Enchiridion inscribitur composuit, delectu ex Epicteti disputationibus philosophiæ locis maxime idoneis ac necessariis, & animos vehementissime permoventibus. Snecanus.*

2 Non solùm pugio Græcis hoc nomine vocatur, sed etiam quidquid ad manum est, & in usum promptum & obvium, ut instrumenta quælibet ac vasa ἐγχειρίδια, quæ parata & in manu semper gestanda. Hesychius, Ἐγχειρίδια, σκεύη καὶ ὄργανα σκευῶν, ἤγουν ξί-

A ϕη:

엥케이리디온 1장

1683년 출간된 판본으로, 그리스어와 라틴어로 동시에 표기되었다.

"에픽테토스의 말들 중에서
가장 시의적절하고 가장 철학적이며
영혼에 가장 큰 울림을 주는 말을 엄선한 선집"

에픽테토스는 저서를 남기지 않았으나,
그의 제자인 아리아노스가
스승의 강의와 대화를 받아 적어 책으로 만들었다.

이 책의 원제인 『엥케이리디온The Enchiridion』은
'손에 들고 다닐 만한 작은 것', 즉 핸드북이라는 뜻으로
에픽테토스 철학의 정수만을 담은 요약집이다.

또한 손에 쥐는 칼, 또는 단도라는 의미도 있는데
이 책이 사람들이 자신을 지키는 데 도움을 준다는 점을
엥케이리디온이라는 제목으로 암시하고 싶었는지도 모른다.

차례

“

중요한 것은 당신에게 일어나는 일이 아니라
당신이 그것에 어떻게 반응하느냐이다.

”

통제할 수 있는 일과 없는 일을 구분하라

01

세상에는 자기가 통제할 수 있는 일이 있고 통제할 수 없는 일이 있다. 충동과 욕망과 혐오는 자아에 속한 것이어서 스스로 통제할 수 있지만, 질병과 부와 명예는 자아에 속한 것이 아니어서 스스로 통제할 수 없다.

우리는 본능적으로 통제할 수 있는 일에 자유와 환희와 충만함을 느끼고, 통제할 수 없는 일에 불안과 억압과 위태로움을 느낀다.

그래서 당신이 통제할 수 있는 것이 아니라 통제할 수 없는 것, 즉 타인에 귀속된 것을 당신의 소유로 삼고자 한다면 갈등과 분란과 고통이 초래될 뿐이다. 결국 당신은 신과 인간들을 책망하게 될 것이다.

그러나 당신이 자신에게 속한 것에 만족하고 타인에게 속한 것을 탐하지 않는다면 누구도 당신을 비난하거나 배척하지 않을 것이다. 당신 또한 타인을 비판하거나 정죄할 일이 없을 것이며 억지로 원하지 않는 일을 행해야 할 필요도 없을 것이다.

그러면 누구도 당신을 해하지 않을 것이고, 누구도 당신을 대적하지 않을 것이며, 누구도 당신에게 고통을 줄 수 없다.

이런 경지에 오르고자 한다면 아무리 사소한 것이라도 내가 통제할 수 없는 것을 마음에 두어서는 안 된다. 이를 위해 때로는 불필요한 행위를 멈춰야 하고 때로는 판단을 보류해야 한다.

만일 여기 만족하지 않고 부와 권력까지 손에 넣으려 하다가는 아무것도 얻지 못할 수 있다. 그리고 결국 자유와 행복 모두를 잃게 된다.

당신은 수긍하기 힘든 세상일에 대해 이렇게 말할 수 있어야 한다.

"저것은 껍데기일 뿐, 보이는 것이 실체가 아니야."

자신의 생각으로 이를 다시 검토해야 한다. 이때 가장 중요한 점은 당신이 그 일을 통제할 수 있는가 하는 점이다. 만일 통제할 수 없는 일이라면 당신은 그것이 무가치한 것이라고 단언할 수 있어야 한다.

통제할 수 없는 일에 대한 혐오를 거둬라

02

욕망은 당신이 원하는 것을 이루도록 충동하는 마음이고 혐오는 당신이 싫어하는 것을 피하도록 이끄는 마음이다. 원하는 것을 이루지 못하면 실망스럽고, 싫어하는 대상을 피하지 못하면 불행해진다.

그런데 통제할 수 있는 나쁜 일은 회피하면 그만이지만, 통제할 수 없는 질병과 죽음과 가난은 회피할 방법이 없다.

그러므로 우리는 통제할 수 없는 일들에 대한 혐오를 거두고 통제할 수 있는 일들을 바꾸기 위해 노력해야 한다. 이를 위해 통제할 수 없는 것에 대한 욕망을 버려야 한다.

통제 불가능한 것을 욕망하는 사람은 좌절할 수밖에 없고, 결국 욕망의 먹잇감이 되어 통제 가능한 것들마저 얻지 못하게 된다. 따라서 무언가를 욕망하거나 혐오할 때는 품격과 분별, 절제를 잃지 말아야 한다.

컵과 가족이 무엇이 다른가

03

어떤 사물을 볼 때는 그것의 본질을 직시해야 한다. 마음을 기쁘게 하거나, 생활에 이로움을 주어서 당신이 각별히 아끼는 대상이 있다고 하더라도 그 본질을 잊지 말아야 한다.

당신이 가장 좋아하는 컵이 있다고 하자. 하지만 당신의 욕망이 담겼을 뿐, 컵은 그저 깨질 수 있는 물건일 뿐이다. 그러니 그 컵이 깨져도 당신은 충분히 받아들일 수 있다.

당신은 배우자와 자녀를 사랑하지만 그들은 그저 유한한 생을 사는 인간일 뿐이다. 그러니 그들이 죽는다고 해도 당신은 충분히 받아들일 수 있다.

문제가 생겨도 평정심을 잃지 않는 법

04

어떤 행위를 할 때도 그것의 본질을 직시해야 한다. 예를 들어 공중목욕탕에 목욕을 하러 갈 때 흔히 발생하는 일들을 떠올려보라. 누군가는 물을 퍼낼 것이고 누군가는 물을 담을 것이다. 어떤 이는 소리를 지를 것이고 다른 이는 물건을 훔칠 수도 있다.

이때 당신이 "나는 목욕을 하면서 내 의지를 자연과 조화를 이루도록 통제할 거야"라고 말할 수 있다면 목욕이라는 행위를 더욱 만끽할 수 있다. 어떤 일에서든 이는 마찬가지다.

그렇다면 우리는 목욕을 하는 중에 문제가 생긴다고 해도 '내가 하고자 한 것은 목욕만이 아니라 내 의지를 자연과 조화를 이루도록 통제하는 일이었어'라고 생각할 수 있다.

배움이 없는 사람은 자신의 불행으로 타인을 비난한다

05

우리가 느끼는 불안은 대상 자체가 아닌, 대상을 바라보는 관점에서 비롯된다.

그런 면에서 죽음이라는 것은 전혀 무서운 일이 아니다. 만일 그렇다면 소크라테스Socrates도 죽음을 두려워했을 것이다. 기실, 공포는 죽음이 무섭다는 우리의 생각에서 비롯된다. 그러므로 우리는 갈등과 억압과 슬픔을 마주하더라도 다른 사람과 시비를 따지기보다 나 자신과 스스로의 관점을 돌아보아야 한다.

배움이 없는 사람은 자신의 불행으로 타인을 비난한다. 배움이 부족한 사람은 불행의 원인으로 자신을 지목한다. 배움이 충만한 사람은 자신과 타인 누구도 비난하지 않는다.

우리는 통제할 수 없는 일들에 대한 혐오를 거두고
통제할 수 있는 일들을 바꾸기 위해 노력해야 한다.

진짜 내 것이 아니라면 기뻐할 이유가 없다

06

아무리 좋은 것이라도 당신의 것이 아니라면 기뻐할 이유가 없다.

어떤 말馬이 "나는 멋진 말이야"라고 주장한다면 그것은 이해할 만하다. 하지만 당신이 "내 말은 멋있어"라고 자랑한다면, 당신은 말의 장점을 자신의 것으로 오해하고 있는 것이다.

그렇다면 당신의 것은 무엇인가? 세상을 대하는 당

신의 태도다. 자연과 조화를 이루는 태도를 지닌다면 당신은 자신에 대해서 충만한 만족을 느끼게 될 것이다.

인생의 항해

07

당신이 탄 배가 잠시 육지에 정박한다고 가정하자. 물을 구하기 위해 하선한 당신은 조개나 버섯을 주워 담느라 정신이 팔릴 수 있다. 하지만 그러는 중에도 배에 승선할 일을 기억해야 한다. 선장이 호출할 때 즉시 모든 일을 멈추고 승선하지 않으면 가축처럼 온몸이 묶인 채 배에 오르게 될 수 있다.

인생의 항해도 이와 같다. 조개나 버섯 대신 사랑하

는 배우자와 아이를 얻는다고 해도 마찬가지다. 선장이 호출하면 전부 그대로 둔 채 뒤돌아보지 말고 승선해야 한다. 당신이 만일 나이 든 사람이라면 선장이 호출할 때 승선하지 못할 위험이 없도록, 절대로 배에서 멀어져서는 안 된다.

내 뜻대로 말고 흘러가는 대로

08

세상일을 당신 뜻대로 이루려 하지 말고 모든 일을 흘러가는 대로 받아들여라. 그러면 평안을 얻을 것이다.

신체의 장애가 마음의 장애는 아니다

09

질병은 신체에 장애가 되지만, 스스로 선택하지 않는 한 의지의 장애는 아니다. 절뚝거림은 다리의 장애일 뿐 마음까지 장애로 만들지는 못한다.

세상 모든 일을 이런 관점에서 바라본다면 모든 사람에게 장애가 되는 일도 당신에게는 장애가 되지 않을 것이다.

문제를 마주할 때마다 내면을 관찰하라

10

인생에서 발생하는 뜻밖의 문제를 마주할 때마다 자신의 내면을 들여다보고 그 상황을 타개할 자신의 능력이 무엇인지 자문하라.

매혹적인 이성을 만나면 자제력이라는 능력이 발현되어야 하고, 마음의 고통을 당하면 인내라는 능력이 발현되어야 하며, 상대의 터무니없는 비난을 마주하면 관용이라는 능력이 발현되어야 한다.

이런 자세로 삶을 대할 수 있게 된다면 삶의 어떠한 사건도 당신을 지배하지 못할 것이다.

세상일을 당신 뜻대로 이루려 하지 말고
모든 일을 흘러가는 대로 받아들여라.

잃은 것이 아니라 돌아갔을 뿐

11

어떤 일에 대해서도 '잃었다'라고 말하지 마라. 대신 '돌아갔다'라고 말하라.

자식이 죽었는가? '돌아간 것'이다. 배우자가 죽었는가? 그것도 '돌아간 것'이다.

재물을 빼앗겼는가? 그 또한 원래 자리로 돌아간 것이다. '앗아간 그 사람이 나쁜 사람'인가? 그 사람이 가진 재물 또한 누군가에게 돌아갈 것이니 당신이 관여할 필요는 없다.

무엇을 가지고 있더라도 당신의 것이라고 생각하지 마라. 여행자가 숙소를 집이라 여기지 않는 것처럼.

세상에 대가 없이 얻을 수 있는 것은 없다

12

더 나은 사람이 되고자 한다면 이런 생각은 하지 마라.

'이 일을 하지 않으면 나는 성공하지 못할 거야.'

'아랫사람의 잘못을 지적하지 않으면 그는 쓸모없는 인간이 될 거야.'

근심 속에서 풍족하게 사느니 마음 편히 굶는 편이 낫고, 아랫사람이 쓸모없는 인간이 되는 것이 당신이 걱정으로 불행한 것보다 낫다.

그러므로 사소한 일에서부터 관점을 바꾸어보라. 아끼는 기름을 쏟았는가? 귀한 술을 도둑맞았는가? 이렇게 되뇌어라.

"이건 마음의 평온과 평정을 위해 지불한 대가다. 세상에 대가 없이 얻을 수 있는 것은 없으니까."

당신이 아랫사람을 부른다 해도 그가 응하지 않을 수 있으며, 설사 응한다고 해도 그가 당신의 말대로 하지 않을 수도 있음을 염두에 두라.

중요하지도 않은 타인에게 당신의 평정심을 맡기는 것은 바람직하지 않다.

칭찬을 받으면 스스로를 의심해 보라

13

더 나은 사람이 되고자 한다면 누군가 당신을 어리석고 미련하다고 말해도 초연할 수 있어야 한다. 사람들에게 현자로 인정받으려 하지 마라. 사람들이 당신을 현자라고 칭송한다면 스스로를 의심해 보라. 왜냐하면 자연의 조화를 따르는 삶과 사람들의 기대에 부응하는 삶은 다르고, 그중 하나에 집중하면 다른 하나를 멀리할 수밖에 없기 때문이다.

집착이 노예를 만든다

14

배우자와 자녀와 친구가 영원히 살기를 바라는 것은 헛된 욕망일 뿐이다. 통제할 수 없는 일을 통제하려 하고, 자신에게 속하지 않은 일을 자신의 것으로 오해하는 일이기 때문이다.

마찬가지로 아랫사람에게 완벽함을 바란다면 그 또한 어리석은 미망이다. 그것은 그 사람의 흠결이 흠결 아닌 것이 되기를 바라는 일이기 때문이다.

자신의 욕망에 좌절하고 싶지 않다면 자아의 힘을 길러야 한다. 우리는 자신이 통제할 수 있는 일을 행해야 한다. 원하는 것을 취하고 싫은 것을 피하는 사람이 자기 삶의 주인이다.

자유로운 사람은 타인에게 속한 것을 바라지 않고 집착하지도 않는다. 그것은 노예가 되는 일이기 때문이다.

15

제지하지 말고 도착할 때까지 기다려라

우리는 연회장에서 만찬을 즐기는 사람처럼 처신해야 한다.

당신 앞에 음식이 있는가? 손을 뻗어 적당한 양을 담으라. 음식이 당신을 지나치는가? 제지하지 말고 두라. 음식이 오지 않는가? 집착하지 말고 도착할 때까지 기다려라.

배우자와 자녀는 물론 재물과 지위도 마찬가지다.

언젠가 당신도 신들과 함께 만찬을 즐길 때가 올 것이다. 만일 바로 앞에 차려진 음식을 탐하지 않고 관조할 수 있다면 당신은 신들과 함께 만찬을 즐길 뿐 아니라 함께 세상을 다스릴 수도 있을 것이다.

디오게네스Diogenes•와 헤라클레이토스Heraclitus••가 성인의 반열에 오르고 사람들에게 신적인 존재로 추앙받은 이유는 이렇게 행동했기 때문이다.

• 가난하지만 부끄러움 없는 자족 생활을 실천한 그리스의 철학자. 일광욕을 하고 있을 때 왕이 찾아와 소원을 묻자 "아무것도 필요 없으니 햇빛을 가리지 말고 비켜 달라"고 답했다는 일화로 유명하다.

•• "만물은 끊임없이 변한다"고 주장한 그리스의 철학자.

자유로운 사람은 타인에게 속한 것을
바라지 않고 집착하지도 않는다.
그것은 노예가 되는 일이기 때문이다.

아픈 것은 그 일 때문이 아니라 아프게 받아들였기 때문이다

16

누군가 힘든 일로 고통받거나 자식을 멀리 보내며 눈물 흘리는 모습을 보더라도 연민에 사로잡히지 말아야 한다.

마음을 가다듬고 이렇게 되뇔 수 있어야 한다.

"그가 아픈 것은 그 일 자체가 아니라
그 일을 아프게 받아들였기 때문이야."

그와 마주할 때는 아낌없는 위로를 보여야 하며 필요하다면 함께 눈물을 흘려도 좋다. 하지만 마음 깊이 비탄에 빠지지는 말아야 한다.

17

배역을 선택하는 일은 당신의 몫이 아니다

당신은 정체 모를 작가가 집필한 연극의 배우라는 사실을 기억해야 한다. 극이 짧으면 짧은 대로, 길면 긴 대로 연기할 뿐이다. 작가가 당신을 가난하고 몸이 불편한 사람으로 설정했든, 혹은 귀족이나 왕으로 설정했든 그 역할을 잘 해내면 된다.

배역을 잘 소화하는 일이 당신의 몫이며 배역을 선택하는 일은 당신의 몫이 아니다.

무엇을 바라볼지는 나에게 달려 있다

18

까마귀 한 마리가 날아와 불길하게 운다고 기분 나빠하지 마라. 마음을 훌훌 털고 이렇게 말하라.

"이는 나에 대한 경고가 아니야.
건강과 돈과 명예, 그리고 우리 가족과도 상관이 없지.
행운과 불운은 내 의지로 생각하기 나름일 뿐.
어떤 경우든 좋은 면을 바라보는 일은
나에게 달려 있어."

삶의 주도권을 잃지 않는 법

19

자신이 통제할 수 없는 분란에 개입하지 마라. 그렇게 하면 삶의 주도권을 잃지 않을 것이다. 권력과 명예를 누리는 사람을 볼 때, 혹은 어떤 업적으로 존경받는 사람을 볼 때 겉으로 드러나는 모습에 움츠러들지 말고 그저 '행복한 사람이군'이라고 여겨라.

행복은 본질적으로 각자의 의지에 달린 것이므로 그것을 위해 타인과 경쟁하거나 비교하며 남을 시기할 필요는 없다.

그러므로 우리는 장군이나 정치인이나 권력자가 되기보다는 자유를 갈망해야 한다. 그리고 자유인이 되는 유일한 길은 통제할 수 없는 일에 관심을 거두는 것이다.

당신을 화나게 하는 것은 당신의 마음이다

20

우리가 모욕을 느끼는 것은 누군가의 욕설이나 폭력이 아니라 그것을 모욕으로 받아들이는 우리의 마음 때문이다.

누군가 당신을 도발한다고 느낄 때, 실제로 당신을 화나게 하는 것은 당신의 마음이라는 사실을 알아야 한다.

그러므로 처음에 받은 인상만으로 속단하여 반응하

지 마라. 시간과 여유를 가지고 상황에 대처하면 자신의 마음을 다스리기 쉬워진다.

우리가 모욕을 느끼는 것은
누군가의 욕설이나 폭력이 아니라
그것을 모욕으로 받아들이는
우리의 마음 때문이다.

죽음을 떠올리며 살아라

21

인생에는 죽음이나 추방과 같은 여러 비극이 도사리고 있다. 우리는 그중에서도 죽음을 염두에 두고 살아야 한다. 날마다 죽음을 떠올리면 결코 탐욕과 절망으로 고통받지 않을 것이다.

일관된 모습을 보여라

22

진심으로 지혜로운 자가 되고자 한다면 처음 만나는 사람에게서 비난과 조롱을 들을 각오를 해야 한다. 그들은 이렇게 말할 것이다. "느닷없이 철학자라도 된 것처럼 구네. 거만한 저 표정 좀 봐."

당신이 할 일은 당혹스러운 표정을 짓는 대신, 신이 당신에게 부여한 소중한 소명을 묵묵히 수행하는 것이다.

당신이 일관된 모습을 보인다면 처음에 비웃던 이들도 이내 존중하는 모습을 보일 것이다. 하지만 당신이 그들의 말에 휘둘린다면 두 배로 조롱당하게 될 것이다.

23

그렇게 보이고 싶다면 스스로 그렇게 살면 된다

타인의 이목에만 주의를 기울이고 그들의 만족에만 신경을 쓴다면 당신은 길을 잃게 된다.

자신이 철학자의 삶을 살고자 노력한다는 사실에 만족하라. 다른 이들에게도 철학자처럼 보이고 싶다면 먼저 당신 스스로 철학자로 살면 된다.

그것으로 족하다.

사람들에게 인정받지 못한다고 괴로워하지 말라

24

"저는 사람들에게 인정받지 못하고 명예도 없이
있는 듯 없는 듯 살게 되겠지요."

이런 생각으로 스스로 괴로워하지 마라. 명예가 없는 것이 악이라면 이는 타인 때문이 아니라 자기 자신이 그렇게 생각하기 때문이다. 권력을 얻고 타인과 함께 향락을 누리는 것이 당신에게 주어진 일인가? 그렇지 않다. 그렇다면 권력이 없다는 것이 어떻게 불명예가 되겠는가? 또한 당신이 스스로 능력을 발휘해 통제할 수 있는 영역에서 훌륭히 맡은 바를 해낸다면 어떻게 별 볼 일 없이 살 수 있겠는가?

"그러면 친구들을 도울 수 없지 않습니까?"

그렇다면 묻겠다. '돕는다'라는 것의 의미는 무엇인가? 당신은 친구들을 경제적으로 지원할 수 없고 그들을 로마 시민으로 만들 수도 없다. 이런 것이 당신이 통제할 수 있는 것이라고 누가 이야기하던가? 자신이 갖지 않은 것을 어떻게 타인에게 줄 수 있겠는가?

"하지만 부와 권력을 손에 넣으면
서로 이익을 볼 수 있잖아요."

나 자신의 명예와 진심과 자존심을 지키면서 그것을 가능케 할 수 있다면 그 방법을 알려주기 바란다. 그런 방법이 있다면 나 또한 그렇게 하고 싶다. 그러나 누군가 선하지 않은 것을 얻고자 나의 선한 것을 버리도록 요구한다면 그것이야말로 불합리하고 어리석은 일임을 알아야 한다.

당신은 다소간의 돈을 원하는가, 아니면 충직하고 소중한 친구를 원하는가? 후자를 원한다면, 그 친구가 고귀한 성품을 잃는 일을 하도록 요구하기보다 그 성품을 지키는 일을 돕는 편이 나을 것이다.

"국가가 나를 필요로 하니,
국가를 위해 일해야 하지 않을까요?"

다시 묻건대 돕는다는 것의 의미가 무엇인가? 신전이나 목욕탕을 짓겠다는 것인가? 그러한 일들을 돕는다고 한들 그것이 무슨 의미가 있는가? 대장장이는 신발을 만들지 않고, 신발 장인은 무기를 제조하지 않는다. 우리는 자기 본연의 일을 수행하면 그것으로 족하다. 자신의 본업에 충실한 시민들이 있다면 국가는 원활히 작동하지 않겠는가? 그러므로 자신의 일에 충실하고 성실한 시민인 당신 역시 도움이 된다.

"그렇다면 나는 무엇을 해야 합니까?"

자신의 명예와 신의를 지킬 수 있다면 어떤 일을 하든 좋다. 하지만 국가를 도우려다가 명예와 신의 대신 불의와 불신을 초래한다면, 그것이 국가에 무슨 도움이 되겠는가?

당신은 누구에게도 아첨할 필요가 없었다

25

주변의 어떤 사람이 당신보다 인기가 많고 칭찬과 인정을 받는가? 그것이 좋은 덕목이라면 그가 좋은 것을 가졌음을 축하하라. 그것이 좋은 덕목이 아니라면 당신이 나쁜 것을 가지지 않았음을 축하하라.

사람들 속에서 그들과 승패를 다투기 위해서는 그들과 같은 경기 규칙을 적용해야 한다는 사실을 기억하라. 권력자의 문 앞을 서성이며 시중들고 아첨하지 않는 사람이 어떻게 그렇게 하는 사람들과 동등한 몫을 얻을 수 있겠는가?

어떤 물건을 사면서 그것이 팔리는 통상 가격을 지불하는 대신 공짜로 취하고자 한다면 그것은 부당하고 불합리한 일이다.

시장에서 상추가 얼마에 팔리고 있는가? 누군가 돈을 지불하고 상추를 가져갔고 당신은 돈을 지불하지 않아 상추를 가져가지 못했다고 하자. 그렇다면 당신은 그가 당신이 얻지 못한 이익을 취했다고 생각해서는 안 된다. 그는 상추를 가지고 있고 당신은 지불하지 않은 돈을 가지고 있기 때문이다.

이와 마찬가지로, 만약 당신이 누군가의 만찬에 초대받지 못했다면 그 비용을 지불하지 않았기 때문이다. 당신이 지불하는 비용은 아첨이 될 수도 있고 문안 인사가 될 수도 있다. 그것이 이익이 된다면 상대방에게 그에 상응하는 몫을 지불하면 된다. 하지만 아무것도 지불하지 않고 이익만 얻으려 한다면 당신은 어리석고 탐욕스러운 사람이다.

만찬에 참석하지 않아 가진 것이 없다고 생각하는가? 그렇지 않다. 당신은 누구에게도 아첨할 필요가 없었고 무례한 측근들의 비위를 맞출 필요가 없었다.

당신은 누구에게도 아첨할 필요가 없었고
무례한 측근들의 비위를 맞출 필요가 없었다.

타인의 입장이 되어 생각할 수 있다면

26

어떤 상황이 개인에게 미치는 영향과 무관하게, 자연의 섭리는 일어남을 알아야 한다. 이웃집 아이가 자기 컵을 깨뜨렸다면 당신은 즉시 '늘 있는 일이야'라고 대수롭지 않게 생각할 것이다. 하지만 당신의 컵이 깨졌을 때도 남의 컵이 깨졌을 때처럼 생각할 수 있어야 한다.

이 문제를 확장해 보자. 다른 사람의 배우자나 자녀

가 죽었는가? 우리는 이렇게 생각할 것이다. '안타까운 일이나, 죽음을 맞이하는 것은 자연의 섭리인 것을.' 하지만 당신의 자녀가 죽으면 가슴이 찢긴 듯 고통스러워할 것이다. '아! 왜 내게 이런 아픔이 찾아오는가!'

다른 사람이 고통스러운 일을 당했을 때 당신이 어떻게 반응했는지 기억하라.

본래 악한 것은 없다•

27

맞추지 않기 위해 과녁을 세우는 사람은 없다. 마찬가지로 세상에 본래적으로 악한 것이란 존재하지 않는다.

• 애픽테토스는 고귀한 정신의 지향점인 '선'이 신이 인간을 위해 마련한 과녁이라고 생각했다. 하지만 인간이 이러한 과녁(목표)에 도달하지 못했다고 해서 '악'은 아니며, 스스로 실패했다며 비관할 필요도 없다고 말한다.

남을 험담하는 것은 당신의 마음을 파는 것

28

누군가가 지나가는 상인에게 당신의 몸을 팔아버린다면 당신은 크게 분노할 것이다.

하지만 누군가에게 남을 험담하며 당신의 마음을 팔아버리는 행위에도 부끄러움과 수치스러움을 느끼는가?

좋은 사람이든 나쁜 사람이든 한 사람으로 살아가야 한다•

29

매사에 앞선 일과 뒤따를 일을 생각하고 행동하라. 그렇지 않으면 선불리 시작한 일을 통제하지 못하게 되고 마침내 부끄러운 결과를 맞이하게 될 것이다.

이렇게 생각할 수 있다. '올림픽에 출전하고 싶어.' 그 일의 앞과 뒤를 살피고 그것이 당신에게 유익하다면

• 사소한 부분을 제외하면 이 책 29장과 『담화록(Discourses)』 3권 15장은 동일하다.

실행해도 좋다.

그러기 위해 당신은 규칙을 정해 실천해야 한다. 식단을 정비하고 기름진 음식을 멀리해야 한다. 날씨가 춥든 덥든, 원하든 원하지 않든 정해진 시간에 몸을 단련해야 한다. 찬물도 마시지 말고 술도 절제해야 한다. 한마디로 의사에게 몸을 맡기듯 훈련 교관에게 몸을 맡겨야 한다.

그러다가 경기에 나서면 도랑에 빠지기도 하고 팔이 탈골되거나 발목이 부러질 수도 있다. 흙먼지를 잔뜩 삼키고 마구 얻어맞은 뒤 마지막엔 패배자의 자리로 내몰릴지도 모른다.

이 모든 것을 고민한 뒤에도 의지가 남아 있다면 경기를 준비해도 좋다. 모든 것을 감수할 생각이 없다면 레슬링 선수나 검투사들을 보고 환희에 차서 그들을 따라 하는 어린아이처럼 굴지 않도록 주의하라.

어느 때는 레슬링 선수가 되고 싶을 수 있고 어느 때

는 검투사가 되고 싶을 수 있으며 지금은 철학자가, 내일은 정치인이 되고 싶을 수 있다. 하지만 그러한 조변석개朝變夕改의 마음에는 진중함이 틈입하기 힘들다. 눈에 보이는 모든 것을 원숭이처럼 흉내 낸다면 나양한 쾌감을 맛볼 수는 있겠지만 그러한 즐거움은 곧 식상해지고 이내 사그라들어 버린다. 한 가지 일도 사려 깊게 생각하지 않았고, 철저히 검토하거나 진지한 열정을 쏟지 않았기 때문이다.

심지어 어떤 이들은 에우프라테스Euphrates•처럼 말하는 철학자를 만나면 거의 불가능한 일임에도 그와 같은 철학자가 되고 싶어 한다. 그러므로 그대들이여, 어떤 일이든 문제가 무엇이고 자신의 그릇이 그것을 담을 수 있는지 숙고하라. 레슬링 선수가 되고 싶다면 자신의 어깨

• 뛰어난 강의로 명성을 얻은 시리아의 철학자. 그의 성품은 플리니우스(Plinius the Younger)의 『서신(Letters)』에 훌륭한 모습으로 묘사되어 있다.

와 등과 다리가 그 일에 적합한지 살펴야 한다.

사람마다 자신에게 맞는 일이 있다. 당신이 지금처럼 행동하면서도 철학자가 될 수 있다고 생각하는가? 지금처럼 먹고 마시고 화내고 불만을 토로하면서도 그것이 가능할까?

철학자가 되기 위해서는 언제나 세상을 고민해야 하고, 노동에 충실히 임해야 하고, 특정 음식을 삼가야 하고, 복잡한 인간관계를 단절해야 하고, 하찮은 이들의 멸시를 견뎌야 하고, 지인들의 비웃음도 이겨내야 한다. 요컨대 당신은 명예나 직함, 법적인 지위 등 모든 면에서 남들보다 못한 처지에 놓이게 된다.

이 모든 것을 충분히 고민한 뒤에도 철학자가 되고자 한다면 그렇게 해도 좋다. 즉, 많은 것들에서 멀어지면서 자유와 마음의 평정을 얻을 수 있다고 생각한다면 그렇게 해도 좋다. 하지만 그렇지 않다면 그 길에 들어서서는 안 된다. 어린아이처럼 지금은 철학자가 되고자 하지만 다음은 세금 관리자나 정치인, 혹은 힘 있는 행정관이 되고 싶어질 수 있다. 그러한 공상에는 일관성이 없다.

우리는 좋은 사람이든 나쁜 사람이든 한 사람으로 살아가야 한다. 내면의 것과 외면의 것 중 하나를 선택하라. 그리고 그것에 몰두하여 내면의 이성을 양육하거나 외면의 관계를 가꾸어야 한다. 즉, 우리는 철학자와 세속인 가운데 하나를 선택해야만 한다.

당신이 허락하지 않는 한 누구도 당신을 아프게 할 수 없다

30

의무라는 것은 대체로 관계에 의해 설정된다. 당신에게 아버지가 있는가? 그렇다면 당신은 그를 보살피고, 여러 지시에 복종하고, 그의 꾸지람을 새겨들어야 한다.

아버지가 나쁜 사람인가? 그런데 당신은 좋은 사람이어야만 당신의 아버지가 될 수 있다고 생각하는가? 그렇지 않다. 아버지는 아버지일 뿐이다.

형이나 아우가 이기적인가? 그저 그와의 합리적인 관계를 설정하라. 그의 행동에 일희일비하지 말고, 자신의 본성을 거스르지 않으면서 어떤 태도로 그를 대할지 결정하라.

당신이 허락하지 않는 한 누구도 당신을 아프게 할 수 없다. 그 아픔을 허락할 때만 당신은 아픔을 느끼게 된다.

그러므로 이웃과 집단과 공동체에서 누구를 만나더라도 그와의 관계를 명료하게 설정해 둔다면 모든 상황에서 처신할 바를 알 수 있다.

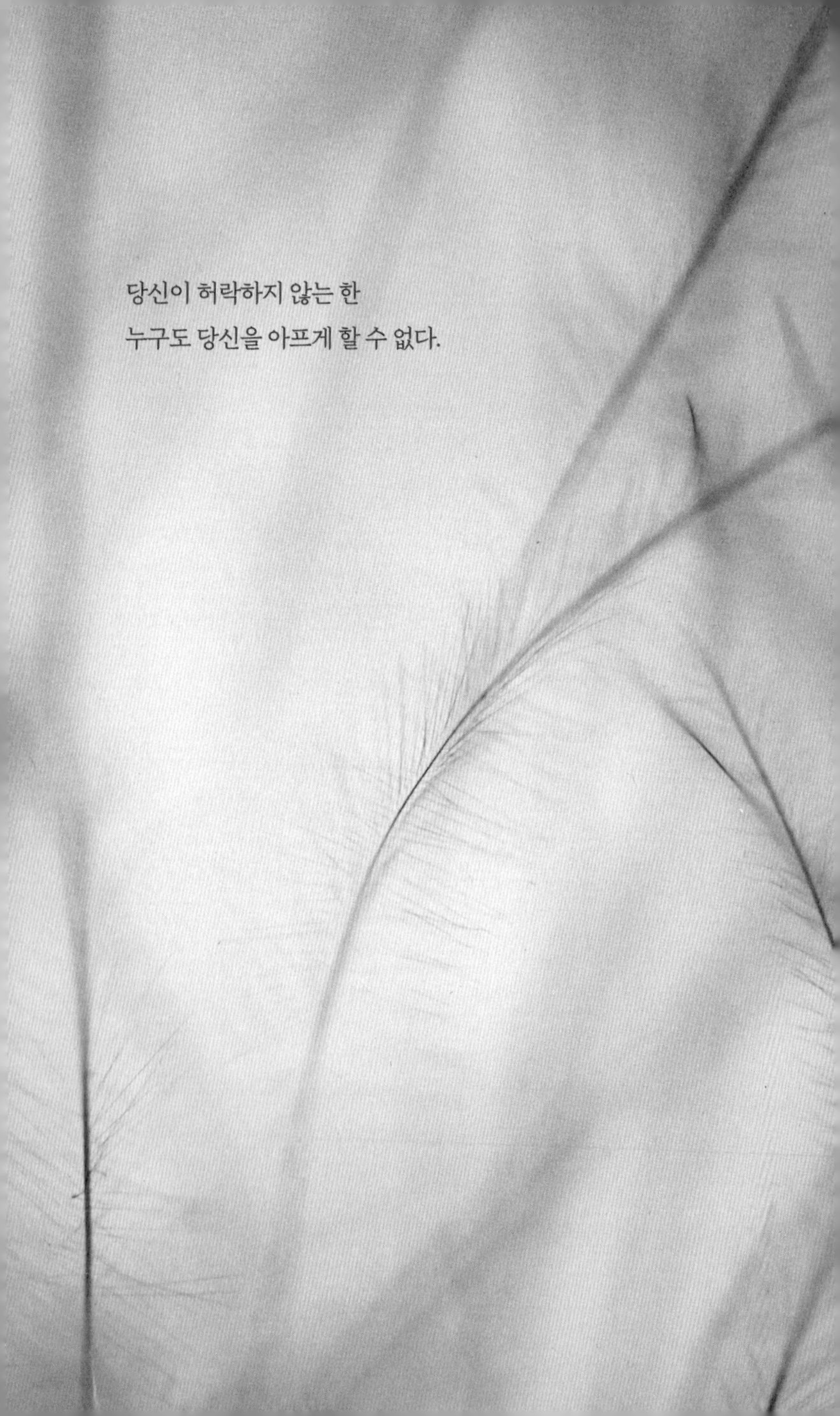

당신이 허락하지 않는 한
누구도 당신을 아프게 할 수 없다.

통제할 수 없는 일을 좋거나 나쁘다고 규정하지 말라

31

신앙의 본질은 신에 대한 올바른 개념을 정립하는 일이다. 이는 바로 신이 존재하며, 공정하고 선한 의도로 우주를 다스린다는 믿음이다. 신앙인은 가장 온전한 지혜를 전수받는 사람의 마음으로 신의 말씀에 순종하고 교리에 의탁하며 어떠한 상황에서도 신의 뜻에 따르겠다는 결심을 공고히 해야 한다. 그렇다면 당신은 결코 신에게서 흠결을 찾지 못할 것이며 신이 당신을 소홀히 한다고 불평하지도 않을 것이다.

우리가 스스로 통제할 수 없는 일에 집착하지 않고, 통제할 수 있는 일에서만 선과 악을 구분한다면 그 무엇으로부터도 흔들리지 않을 것이다. 하지만 우리가 만일 통제할 수 없는 일들을 좋거나 나쁜 것으로 규정한다면, 원하는 일이 이루어지지 않거나 원하지 않는 일이 벌어지는 경우 신을 탓하고 책망하게 된다.

모든 피조물은 본래적으로 자신에게 해를 끼치는 대상이나 원인을 혐오하고 회피하며, 자신에게 유익한 대상이나 원인을 지향하고 추종하도록 만들어졌다. 그래서 상처를 받았다고 믿는 사람은 그 상처를 좋아할 수 없고, 그 상처를 준 사람을 상처와 무관한 것으로 여길 수도 없다.

그래서 아버지가 좋은 것을 물려주지 않으면 아이들은 원망의 마음을 가지기도 한다. 오이디푸스의 쌍둥이 형제 폴리네이케스Polyneices와 에테오클레스Eteocles•가 제

국을 탐내다가 서로 적이 된 것도 같은 이유 때문이다.

마찬가지로 농부들은 신을 원망하기 쉽고, 선원이나 상인, 배우자와 자녀를 잃은 사람도 신을 원망한다. 많은 이들이 이익이 있는 곳에서 신앙을 찾기 때문이다.

그러므로 자신의 욕망과 혐오를 적절히 조절하는 사람이 자신의 신앙도 적절히 가꿀 수 있다. 나라의 관습에 따라 순수하고 헌신적인 마음으로 분에 맞게 술과 제물과 첫 수확물을 바치는 일은 탐욕이나 사치와 관련이 없고 누구에게든 좋은 일이 된다.

• 전투에서 서로를 해한 오이디푸스의 두 아들.

세상은 당신에게 관심이 없다

32

신탁을 받기 위해 신관을 찾아갈 때 우리는 어떤 결과를 얻을지 알지 못한다. 단지 신관의 이야기를 들을 수 있을 뿐이다. 하지만 당신이 철학적인 사고를 할 수 있다면 신관을 만나기 전에도 운명의 본질을 알 수 있다.

만일 운명이 우리가 통제할 수 없는 일이라면 그것은 결코 옳고 그름으로 판단될 수 없다. 그러므로 당신의 욕망이나 혐오의 감정을 신전에 가져가지 마라. 자신의 감정을 타인에게 맡기고자 할 때 우리는 떨면서 신관을 찾아가게 될 것이다.

무엇보다 우리는 세상의 모든 일이 우리에게 무관심하며 우리에게 어떤 의미도 강요하지 않는다는 사실을 분명히 인식해야 한다. 그 일에 올바르게 대처하는 것은 당신의 생각에 달려 있으며 누구도 이를 방해할 수 없다.

신이 당신의 조언자일 뿐이라는 마음을 품고 신관을 찾기 바란다. 그리고 신탁을 얻게 된다면 그것이 누구의 생각인지, 이를 따르지 않으면 누구를 무시하는 것인지 반추할 필요가 있다.

소크라테스가 갈파했듯 이성이나 다른 어떤 것으로도 해결할 수 없어 보이는 중차대한 문제에 직면했다면 신관을 찾아도 된다. 하지만 그것이 다른 사람이나 국가의 안위가 걸려 있어 위험을 무릅써야 하는지에 대한 문제라면 이를 묻지 마라.

부정적인 신탁이 당신 앞에 놓였다 하더라도 기껏 죽음이나 상처, 혹은 추방이 예고될 뿐이다. 우리는 이성이라는 힘을 가졌기에 어떠한 상황에서도 우리가 사랑하는 동료와 국가를 지지할 수 있다. 위대한 신탁을 내렸던 아폴론 신도 친구가 죽임을 당할 때 그를 구하지 않은 사람을 신전에서 쫓아냈던 일을 기억해야 한다.*

- 한 남자가 신탁을 받으러 가던 중 폭행으로 사망했다. 그의 동료들이 그를 버리고 신전으로 피신했지만 결국 그곳에서 쫓겨났다.

33

홀로 있을 때나 사람들과 있을 때 똑같이 품위를 유지하는 법

무엇보다 우리는 홀로 있을 때나 타인과 있을 때, 일관되게 고수할 성품과 태도를 정해야 한다.

일상의 많은 시간을 침묵하며 지내거나 필요한 말만 하는 것이 좋다. 불가피한 상황에서는 때때로 대화에 참여하되, 검투사나 경마 경기, 육상 영웅, 음식 등을 품평하는 진부한 대화에는 개입하지 마라. 특히 타인을 비난하고 칭찬하고 비교하는 이야기는 하지 마라.

가능하면 당신이 대화의 소재를 만들고 이를 확장하고 전개하여 여러 사람과의 대화를 이끌어라. 하지만 낯선 사람들 사이에 끼어든 상황이라면 침묵을 지키는 편이 좋다.

너무 큰 소리로 웃거나, 너무 많이 웃지 마라.

어떤 것을 두고도 맹세하지 마라. 불가피한 상황이라면 최대한 미루라.

대중이 즐기는 통속적인 오락은 피하는 것이 좋다. 상황이 허락하지 않아서 그러한 자리에 합류했다면 저급한 쾌락에 탐닉하지 않도록 심신을 다스려라. 아무리 순진무구한 사람도 품성 나쁜 친구와 어울리면 물들기 마련이다.

고기와 음료, 집, 의복, 그리고 가까이 지내는 하인 등은 필요한 만큼만 두라. 과시와 사치를 목적으로 향유하는 것이 있다면 모두 끊어버려라.

결혼 전에는 이성과의 부도덕한 육체관계를 멀리하는 데 힘써야 한다. 그것에 탐닉하는 이들을 가혹하고 무자비하게 비난할 필요는 없으나 자신이 그렇지 않다는 사실을 자랑할 이유도 없다.

당신을 험담하는 사람이 있다고 알려주는 친구가 있다면 변명하지 말고 이렇게만 말하라.

"내가 저지른 잘못들 가운데 그 이야기만 했다니 나를 잘 모르는 모양이군."

대중이 열광하는 구경거리를 애써 찾아다닐 필요는 없다. 하지만 그러한 곳에 참석할 일이 생겼다면 특정

인물을 열광적으로 응원하는 발언을 하지 마라. 모든 것의 결과는 주어진 그대로 이루어질 것이니 가장 훌륭한 사람이 승리할 것이라고 말하라. 그러면 누구도 당신에게 시비를 걸지 못할 것이다.

환호와 조롱과 폭력적인 분노를 보이지 않도록 하라. 자리를 떠날 때는 이미 끝난 문제나 당신의 기대와 달리 진행된 일에 대해 열변을 토하지 마라. 그러한 이야기에 열중하는 당신은 구경거리에 탐닉한 사람처럼 보인다.

별 생각 없이 사적인 모임에 참석하지 마라. 불가피하게 참석해야 한다면 위엄과 존엄을 잃지 말아야 한다. 참석한 자리에서는 불편한 사람처럼 보여서는 안 된다.

누군가를 만나야 할 때, 특히 당신보다 높은 지위의

사람과 만나서 대화해야 한다면 소크라테스나 제논[•] 이라면 어떻게 행동했을지 스스로 물어보라. 그러면 어떤 이야기를 하더라도 적절히 대응하는 데 어려움을 겪지 않을 것이다.

권력자를 만나러 갈 때는 마음의 준비를 해두어야 한다. 그 사람을 만나지 못할 수 있고, 문조차 열어주지 않아 문전박대를 당할 수 있고, 만나도 무시당할 수도 있다.

그럼에도 불구하고 그곳에 가야만 한다면 발생할 모든 일을 감내해야 하고, "중요한 만남은 아니었어"라며 사실과 다른 이야기를 해서는 안 된다. 변명은 사람을 어리석고 줏대 없는 사람처럼 보이게 하기 때문이다.

• 스토아학파를 창시한 그리스의 철학자.

사람들과 대화를 나눌 때는 자신의 경험과 모험을 과장해서 늘어놓지 마라. 당신이 겪은 위태로운 일들이 자신에게는 흥미로울지 몰라도 다른 사람에게는 그렇지 않을 수 있다. 또한 남들을 웃기기 위해 노력할 필요도 없다. 당신의 수준만 낮출 뿐이며 당신을 존경하던 사람들도 돌아서고 말 것이다.

외설적인 이야기를 입에 올리지 마라. 저급한 대화가 좌중에 번지면 적절한 때를 보아 이야기를 꺼낸 사람에게 주의를 주어라. 그게 어려울 때는 얼굴을 붉히거나 심각한 표정을 지어서 대화에 불만이 있다는 사실을 드러내야 한다.

쾌락에 휘말린다면 후회할 기분을 떠올려보라

34

당신이 만일 쾌락을 즐기는 일에 휩쓸리게 된다고 해도 그것에 빠져들지 않도록 주의하라. 마음의 여유가 생길 때까지 시간을 두고 기다려라. 그런 뒤에 쾌락에 빠져 있을 때의 기분과 쾌락에서 빠져나온 뒤 후회하고 자책할 기분을 떠올려보라. 또한 쾌락의 유혹을 이겨낸 이후의 뿌듯한 마음을 상상해 보라.

쾌락을 원하는 마음이 주기적으로 엄습할지라도 그

매혹과 흥분이 당신을 집어삼키지 않도록 하라. 그리고 인내가 불러오는 더 나은 결과인 위대한 승리의 기쁨을 떠올려보라.

세상이 알아주지 않아도 주저 없이 실행하라

35

어떤 일을 반드시 해야겠다고 판단했다면 세상이 알아주지 않아도 주저 없이 실행하라. 물론 올바른 일이 아니라면 결코 하지 말아야 한다.

스스로 올바르다면 왜 당신을 부당하게 비판하는 사람들을 두려워하는가?

스스로 올바르다면
왜 당신을 부당하게 비판하는
사람들을 두려워하는가?

이때는 맞고 그때는 틀리다

36

“지금은 낮 또는 밤이다”라는 명제에서 ‘낮’과 ‘밤’이라는 두 명사 중 하나만 쓰면(“지금은 낮이다” 혹은 “지금은 밤이다”) 지극히 옳지만, 함께 쓰면(“지금은 낮이면서 밤이다”) 모순이 된다.

만찬을 즐길 때, 배불리 먹는 행위는 식욕의 입장에서는 적절하지만 친교라는 사회적 행위의 입장에서는 적절하지 않다.

그러므로 다른 사람과 함께 만찬을 즐길 때 눈앞에 차려진 음식은 살기 위해 먹는다는 의미 외에 주인에게 보이는 예의라는 의미가 있음을 기억해야 한다.

37

내 능력을 벗어나는 역할을 맡지 말라

자신의 능력 범위를 넘어선 역할을 맡지 마라. 그것은 자신을 혹사하는 일이면서 동시에 자신이 잘해낼 수 있는 역할도 맡지 못하게 하는 일이다.

걸을 때 조심하듯 마음의 중심도 다치지 말라

38

걸을 때 못을 밟거나 발목을 접질리지 않도록 조심하듯, 우리는 인생을 살면서 마음의 중심을 다치지 않도록 주의해야 한다.

이 점을 마음에 새긴다면 어떤 상황에 놓이더라도 안전하게 살아갈 수 있다.

적당히 멈추지 않으면 반드시 추락하게 된다

39

신발의 기준이 발인 것처럼, 소유의 기준은 신체가 된다. 무엇을 갖든 기준에 맞게 적당한 수준에서 멈추어야 한다. 그 이상으로 나아간다면 반드시 벼랑 끝에서 추락하게 된다.

신발은 발에 맞으면 그만임에도 사람들은 금박을 두른 신발을 신고 더 값진 신발을 찾다가 결국은 보석 박힌 구두를 욕망한다.

이처럼 욕망이란 한번 적당한 기준을 벗어나면 이내 무한히 뻗어나가 버린다.

외모에서 자신의 의미를 찾지 말라

40

여자가 열네 살이 되면 남자들이 모여들어 여신을 모시듯 떠받든다. 그러면 여자들은 남자들에게 예쁘게 보이는 데서 자신의 의미를 찾고 외모를 꾸미기 시작한다. 그리고 거기에 자신의 모든 희망을 건다. 그러나 품위 있고 사려 깊은 마음가짐을 보일 때 진정으로 존중받는다는 것을 깨달아야 한다.

걸을 때 못을 밟거나
발목을 접질리지 않도록 조심하듯,
인생을 살면서 마음의 중심을
다치지 않도록 주의해야 한다.

41

신체 활동 대신 이성에 에너지를 쏟아라

운동하고 먹고 마시고 배설하고 성교하는 등의 신체 활동을 하는 데 많은 시간을 보내는 것은 어리석은 일이다. 이는 삶의 부수적인 영역에서 이루어져야 하며, 우리의 주된 에너지는 두뇌와 이성의 작용에 사용되어야 한다.

당신을 비난하는 사람을 이해하는 방법

42

누군가 당신에게 해를 끼치려 하거나 당신에 대해 나쁜 말을 한다면 그가 그렇게 하는 것이 옳다고 믿기 때문이라는 사실을 이해해야 한다. 그는 당신이 옳다고 믿는 것에 동의할 수 없으며 오직 자신이 옳다고 믿는 일을 행할 뿐이다.

그가 거짓에 속아 그릇된 판단을 내렸다면 잘못된 길로 나아가 해를 입은 것은 결국 그 사람이다. 누군가 올바른 명제를 거짓으로 여겼다면 해를 입는 것 또한 그 명제가 아니라 그 사람이다.

이러한 원리를 수긍한다면 당신은 당신을 비난하는 사람을 너그러운 마음으로 용서할 수 있다. 타인의 모든 행위에 대해 “그 사람은 그렇게 생각했군”이라고 말할 수 있기 때문이다.

모든 일은 두 가지 측면을 동시에 가지고 있다

43

모든 일은 두 가지 측면을 동시에 가지고 있다. 한 측면은 그 일을 지지하도록 돕고 다른 측면은 그 일을 포기하도록 만든다.

예를 들어 불의를 행하는 형제가 있을 때 의로움의 관점에서는 그를 지지할 수 없으나, 그가 당신의 형제이고 함께 자란 가족이라는 관점에서는 그를 이해하고 품어줄 수 있다.

당신은 당신의 재산이 아니다

44

다음과 같은 추론은 논리적이지 않다.

“내가 너보다 부유하니 내가 너보다 우월해.”

“내가 너보다 말을 잘하니 내가 너보다 우월해.”

논리적인 추론은 다음과 같을 것이다.

“내가 너보다 부유하니 내가 너보다 재산이 많아.”

“내가 너보다 말을 잘하니 내가 너보다 호소력이 좋

아."

하지만 당연하게도 당신은 재산이 아니고 호소력도 아니다.

잘 알지 못하면서 판단하지 마라

45

목욕을 급하게 하는 사람이 있는가? 목욕을 제대로 하지 않는다고 말하지 말고 목욕을 빠르게 한다고만 말하라.

술을 많이 마시는 사람이 있는가? 좋지 않은 습관이라고 말하지 말고 술을 많이 마신다고만 이야기하라.

그가 그렇게 행동한 이유를 알지 못하면서 그 행동이 나쁜지 아닌지 어떻게 알겠는가.

잘 알지 못하면서 겉으로 보이는 대로만 판단하지 않도록 하라.

그가 그렇게 행동한 이유를 알지 못하면서
그 행동이 나쁜지 아닌지 어떻게 알겠는가.

지혜를 말하기보다는 행동으로 보여주라

46

자신을 철학자라고 내세우지 말고, 무지한 사람들에게 당신이 깨우친 지혜를 설파하려 하지 마라. 다만 행동으로 보여주라. 예를 들어 만찬 자리에 간다면 사람들에게 식사하는 방법을 설득하려 하지 마라. 식사의 도리를 다하면 그뿐이다.

소크라테스도 모든 종류의 과시를 지양했다는 사실을 기억하라. 사람들이 자신에게 와서 다른 철학자를

소개해 달라고 했을 때 소크라테스는 자신이 무시당했다는 사실에 화내지 않고 그들의 부탁을 들어주었다.

그러니 당신 또한 무지한 사람들의 어리석음을 논파하기보다는 침묵을 지키는 편이 낫다. 다듬어지지 않은 지혜를 급히 던져주는 것은 매우 위험한 일이기 때문이다.

누군가 당신을 무지하다고 비난하더라도 개의치 않는다면 당신이 비로소 철학자의 자격을 갖추었다고 믿어도 된다.

양은 먹은 풀을 다시 토해서 자기가 먹은 분량을 목동에게 확인받지 않는다. 음식물은 안에서 소화된 뒤 양털과 젖이 되어 외부로 드러난다. 그러므로 당신도 당신의 지혜를 무지한 사람들 앞에서 설파하기보다는 그 지혜가 소화되어 나타나는 행동으로 보여주라.

자신을 위해서 하는 일을 사람들에게 내보이지 말라

47

당신이 소박하게 식사하는 법을 깨우쳤다고 해도 그것을 과시할 필요는 없다. 물을 마실 때마다 "나는 물만 마신다"라고 자랑할 필요는 없기 때문이다. 가난한 이들은 우리보다 더 검소하고 더 인내한다는 사실을 기억할 필요가 있다.

사람들에게 보이기 위해서가 아니라 자신을 위해 절식하고 심신을 단련한다면 그것을 거창하게 내보이려

계획하지 마라. 목마름이 심할 때는 찬물로 입을 살짝 헹구고 아무에게도 말하지 마라.

지혜로운 사람은 자기 자신을 적처럼 경계한다

48

어리석은 사람은 이익이나 손해가 자기 자신이 아닌 외부에서 비롯된다고 믿는다. 하지만 철학자는 이익이나 손해가 자기 자신에게서 비롯된다고 믿는다.

지혜로운 사람은 타인을 비난하거나 칭찬하지 않는다. 타인을 탓하지도 않고 책망하지도 않으며, 자신이 명망 있고 능력 있는 사람이라고 자화자찬하지도 않는다. 난관에 부딪히고 일을 그르쳐도 자신을 돌아볼 뿐이고, 일에 성공하여 칭송을 받아도 사람들을 보며 미소 지을 뿐이다.

그는 비난을 마주해도 자신을 변명하지 않는다. 그리고 마치 회복기에 접어든 환자처럼 모든 일에 조심스레 처신한다.

그는 욕망을 절제할 줄 알며, 자신의 의지를 훼방하는 것만을 혐오한다. 그는 삶의 모든 영역에 자신의 의지를 고루 투영하고자 한다. 남들에게 어리석고 무지한 사람처럼 보여도 개의치 않는다. 요컨대 그는 자신이 적군 앞에서 몸을 숨긴 매복 군인인 양 자기 자신을 경계한다.

글을 읽었다면 그 의미를 삶에 적용해야 한다

49

크리시포스Chrysippus•의 글을 이해하고 해석할 수 있다는 사실을 과시하는 허영 가득한 사람을 만나면 나는 속으로 이런 생각을 한다.

• 클레안테스(Cleanthes) 이후 스토아학파의 수장이 된 그리스 철학자. 그의 글들은 스토아 철학에서 가장 권위 있다고 인정받았다.

'크리시포스가 쉽게 글을 썼다면 이 사람은 자랑할 거리가 없었겠구나. 내가 바랐던 것은 무엇이었는가. 자연의 섭리를 이해하고 거기에 귀의하는 일이었지. 그래서 자연의 섭리를 깨우친 사람이 누구인지 수소문했어. 크리시포스가 그러한 사람이라고 하더군. 그래서 나는 그의 글을 탐독하기 시작했어. 하지만 글의 의미를 정확히 이해하지 못했고 그의 글을 해석해 줄 사람을 찾기 시작했어.'

여기까지 내가 자랑할 일은 아무것도 없었다. 마침내 크리시포스가 쓴 글의 의미를 해석해 준 사람을 찾았다고 해도 더 중요한 일이 남아 있다. 그 의미를 내 삶에 적용하는 일이다. 이 단계야말로 자랑할 만한, 가장 가치 있는 지점이라고 말할 수 있다.

내가 만일 그 글의 의미에 감탄하고 말았다면 그저 호메로스 대신 크리시포스를 읽은 것일 뿐이다. 그렇다면 그것은 철학자가 아닌 문학가의 일이 아닐까?

그러므로 누군가 나에게 크리시포스를 이야기해 달라고 부탁할 때, 나는 그저 크리시포스의 글처럼 조화롭고 일관된 삶을 살지 못하는 나 자신을 부끄러워하게 된다.

누군가 당신에 대해 이야기해도 관심을 두지 말라

50

당신이 스스로 정립한 원칙이 있다면 그것을 법처럼 지켜라. 지키지 못할 경우 불경죄를 저지르는 것처럼 여겨야 한다.

누군가 당신에 대해 이야기해도 관심을 두지 마라. 당신에게 속한 일이 아니기 때문이다.

어리석은 사람은 이익이나 손해가
자기 자신이 아닌 외부에서 비롯된다고 믿는다.
하지만 철학자는 이익이나 손해가
자기 자신에게서 비롯된다고 믿는다.

결코 미룰 수 없는 순간이 지금이다

51

가장 고귀한 성취와 이성의 높은 판단력을 추구하는 일을 언제까지 미룰 생각인가? 이제 당신은 알아야 할 철학적 원칙들을 숙지했다. 그런데 그 원칙들을 발전시키는 행위를 미루고 언제까지 스승이 나타나기를 기다릴 것인가?

당신은 더 이상 어린아이가 아니다. 당신은 한 사람의 성인이다. 게으르고 나태하게 미루고 핑계를 대면서 자기를 통제하지 않는다면 어떤 일도 이루지 못할 것이며, 죽는 날까지 비루한 마음 외에 어떠한 좋은 것도 남기지 못할 것이다.

지금 이 순간, 한 사람의 원숙한 성인으로서 가치 있는 삶을 살겠다고 결심하라.

최선의 것을 당신만의 규칙으로 삼으라. 결코 위반해서는 안 된다. 고통과 쾌락이, 혹은 영광과 치욕이 당신 앞에 드리워져 있는 이 삶 자체가 전투 중인 전쟁터이다. 결코 미룰 수 없는 순간이 지금이다. 올림픽 경기를 앞둔 선수처럼 당신의 성공과 실패가 단 하루, 단 하나의 행위에 달려 있다고 생각하라.

소크라테스는 오로지 이성만을 추종했으며 스스로 전방위적으로 채찍질하여 자신을 완성했다. 비록 당신이 소크라테스는 아닐지라도 소크라테스가 되고자 하는 자로 살아야 한다.

증명보다 중요한 것은 실천하는 것

52

철학의 첫 번째이자 가장 중요한 원칙은 '거짓말을 하면 안 된다'와 같은 명제를 몸소 실천하는 일이다. 두 번째 원칙은 '왜 거짓말을 하면 안 되는지'를 증명하는 일이다. 세 번째는 그 증명이 어떻게 가능한지 실천적이고 논리적인 근거를 마련하는 일이다.

그렇다면 결론은 무엇이고 모순은 무엇이며, 참과 진실은 무엇인가? 무엇이 어떤 것을 증명하는가? 세 번째 원칙은 두 번째 원칙을 위해 필요하고, 두 번째 원칙은 첫 번째 원칙을 위해 필요하다.

그러므로 우리에게 가장 중요한 원칙은 첫 번째 원칙이다. 하지만 우리는 정반대로 생각하곤 한다. 세 번째 원칙을 이해하는 데 모든 시간과 노력을 쏟는 반면 첫 번째 원칙은 대체로 무시하기 때문이다. 그래서 우리는 거짓말이 나쁘다는 사실이 어떻게 입증되는지를 논증하는 동시에 거짓말을 하고 있다.

살아가면서 기억해야 할 문장들

53

어떠한 상황에 놓이더라도 다음과 같은 격언들을 기억하기 바란다.

나를 인도하소서, 신이여, 운명이여,
당신이 정해주는 곳이 어디든
원하지 않아도 기꺼이 따르겠습니다.
아무리 괴롭고 고통스럽더라도, 따르겠습니다.

- 클레안테스(Kleanthes),
『디오게네스 라에르티오스(Diogenes Laertius)』에서 발췌.

진실로 자신의 운명에 귀의한 자,
그대는 현명한 자이며, 하늘의 법칙을 아는 자이니.

- 에우리피데스(Euripides), 『단편(Fragments)』에서 발췌.

오, 크리톤, 나의 죽음이 신을 기쁘게 하는 일이라면
그대로 따릅시다.

- 플라톤(Plato), 『크리톤(Crito)』에서 발췌.

아니투스Anytus와 멜리투스Melitus• 가
나를 죽일 수는 있겠지만,
나에게 상처를 주지는 못하리라.

- 플라톤(Plato), 『소크라테스의 변명(Apology)』에서 발췌.

• 아테네에서 소크라테스를 고발한 자들.

당신의 성공과 실패가
단 하루, 단 하나의 행위에 달려 있다고 생각하라.

“

행복으로 가는 길은 오직 하나뿐이다.
그것은 우리의 의지를 넘어선 것에 대한
걱정을 멈추는 것이다.

”

작품 해제

엥케이리디온Enchiridion. '안내서'라고도 불리는 에픽테토스의 이 작은 책은 근대인의 삶과 근대 이후 철학에 지대한 영향을 미쳤다. 특히 세계 각국의 언어로 번역된 이후 세속주의 사상가와 주관주의 계열 철학자들을 중심으로 한 수많은 지식인들의 열광적인 반응을 불러왔다.

몽테뉴Montaigne는 자신의 서재에 『엥케이리디온』 사본을 가지고 있었으며, 파스칼Pascal은 에픽테토스의 주장들을 과대망상적인 자존심이라고 비난하기도 했다. 프리드리히 대왕Friedrich the Great•은 전쟁 중에도 이 책을 읽었고, 섀프츠베리 백작Earl of Shaftesbury••은 투병 중에 이 책을 통해 영감과 격려를 구했다. 그의 일기장 곳곳에는 책의 구절들이 필사되어 있었다고 한다. 사회적 관계와 독립적인 자아의 중요성을 강조한 프랜시스 허치슨Francis Hutcheson, 애덤 스미스Adam Smith, 애덤 퍼거슨Adam Ferguson 같은 영국 사상가들도 스토아의 도덕철학에 매료되어 스토아의 사상을 깊이 연구하고 널리 전파했다.

근대가 시작되던 시기에 스토아주의가 다시 부상한 것은 단순한 우연이 아니었다. 그것은 그 시대에 필요

• 18세기 독일 프로이센의 왕.

•• 17세기 영국 정치가.

한 철학적, 도덕적, 사회적 조건들이 한데 집결한 역사적인 사건이었다. 로마 스토아주의는 전제 왕권 시대의 도덕적, 사회적 지향점들이 이성의 철학이라는 돌파구로 집약된 외롭고도 용감했던 영혼의 철학이었다.

삶의 양식으로서의 철학은 언제나 인간을 자유롭게 한다. 스토아주의 역시 예속의 시대에 자유를 주창하며 당대 최후의 보루가 되었다. 새로운 시대가 열리자 삶의 많은 요소가 로마 스토아주의와 유사한 양상을 보이기 시작했다. 근대라는 이름으로 독립적인 사상가가 탄생했으며 세속 문명에 기반한 자유로운 지식인들이 등장했다.

근대는 중세 교회의 권위에 기반한 절대 국가라는 전제정치 질서가 무너진 시기였다. 근대 철학 또한 주관적 의식을 철학의 기초로 삼으며 스토아주의의 기본 개념을 계승한 양상으로 나타났다. 인간의 도덕 문제를 강조한 스토아주의는 기존의 가치를 허물고 새롭게 재

건하고자 한 급속한 전환의 시대에 적합한 철학이었다.

이 작은 책에 스토아학파의 도덕철학 개념이 다양한 예시로 기술된 양상을 살피는 일은 매우 흥미로운데, 이 책이 학생들에게 스토아학파의 이론을 가르치기 위한 의도로 집필되지 않았다는 점을 고려하면 그 흥미는 배가된다. 놀랍게도 저자는 스토아학파를 배우는 상급 단계의 학생들에게 최적화된 방식으로 철학자가 되는 방법을 안내하고 있다.

에픽테토스와 그의 책 『엥케이리디온』은 스토아주의에서 독특한 위치를 점하고 있다. 세네카와 마르쿠스 아우렐리우스는 자립과 고독, 그리고 역사라는 실존적인 문제를 표현하는 최적의 사상으로 스토아 철학을 택했다. 세네카는 인간이 가진 퇴폐적인 의식 부산물들을 비판하는 것으로 자신의 사회 심리학을 정립했으나(이 지점에서 그의 철학은 니체Nietzsche와 닮았다) 스토아학파의 이론을 체계화하는 데는 관심을 두지 않았다. 마르쿠스 아우렐리우스는 철학적인 원리를 고독한 통치자의 사상으로 변모시켰다.

그런데 이들과 달리 에픽테토스는 스토아 철학을 '삶의 원리이자 삶을 살아가는 방식'으로 구현하고자 했다. 요컨대 『엥케이리디온』은 스토아주의의 이론과 실천이 함께 제시된 책이라고 할 수 있다.

에픽테토스는 서기 50년에서 60년 사이에 태어난 것으로 추정되며 그의 어머니는 프리기아Phrygia의 히에라폴리스Hieropolis 출신의 노예였다. 그가 로마에서 활동하게 된 경위는 아무도 알지 못한다. 황제의 최측근을 지낸 어느 로마 시민의 노예로 살았는데, 그러한 생활 가운데서도 당대의 유력 스토아 철학자 무소니우스 루푸스Musonius Rufus의 가르침을 받았다. 루푸스는 젊은 노예의 성실하고 열정적인 성격에 감동받아 그를 스토아 철학자의 길로 안내했다.

마침내 자유인이 된 에픽테토스는 길모퉁이와 시장에서 철학을 설파했지만, 처음에는 큰 성공을 거두지 못했다. 도미티아누스Domitianus 황제 치세에서 그는 다른 여러 철학자들과 함께 로마에서 추방되었다. 서기 89년에서 92년경의 일이었다.

그는 그리스 북서부 에피루스Epirus의 악티움Actium 인근 니코폴리스Nicopolis로 가서 자신의 학교를 운영했다. 학식과 존경을 한 몸에 받은 그로 인해 니코폴리스는 에픽테토스 학교의 도시라는 별명을 얻기도 했다. 그의 강의를 듣기 위해 아테네와 로마에서도 제자들이 몰려들었다. 일반 시민들도 그를 찾아와 조언과 가르침을 구했다. 일부 학생들은 전통 가업을 잇기 위해 고향으로 돌아갔지만, 많은 제자들은 스토아학파라는 자유의 이름을 누리며 철학이 가르치는 삶을 몸소 살아가기 시작했다.

제자들 가운데는 젊은 로마인 플라비우스 아리아노스Flavius Arrianus가 있었다. 그도 니코폴리스에서 말년을 보내던 에픽테토스의 강의를 들었다. 서기 108년에 태어난 아리아노스는 서기 130년 하드리아누스Hadrianus 황제의 최측근 집정관으로 임명됐다. 에픽테토스와 함께 공부했던 시기는 123년에서 126년 사이였을 것으로 추정된다.

에픽테토스가 제자들과 나눈 자유 토론이 그를 매혹시켰다. 당시에도 체계적인 철학 강좌가 개설되어 있었지만, 아리아노스가 단순한 교리가 아닌 살아 있는 진리를 논하는 스토아학파의 소크라테스, 혹은 스토아학파의 디오게네스를 발견했다는 확신을 얻은 것은 바로 자유 토론이었다. 그는 에픽테토스가 제자들과 함께 한 수많은 강론과 자유 토론들을 기록했다. 존경하는 스승의 형언할 수 없는 열정과 품격과 재치를 놓치지 않기 위해서였다. 그는 토론의 내용을 축약된 문장 형태로 적었다.

138년 황제가 죽은 후 아리아노스는 공식 활동을 접고 문필 활동에 전념했다. 그리고 스승의 가르침을 정리하여 『담화록Discourses』이라는 제목으로 8권의 책을 출간했다. 그가 엮어낸 『엥케이리디온』은 스토아 철학의 기본 원리를 쉬운 문장들로 보여주고 있으며 스토아 철학을 삶의 양식으로 실천하는 데 필요한 여러 조언들도 담고 있다. 하지만 원본 저작물은 전해지지 않는다. 근래의 사회심리학자 미드G. H. Mead처럼 그도 학생들의 인간적이고 지적인 문제에 진심으로 헌신하며 스승이 간직해야 할 내적인 성품을 보여주고자 했다.

에픽테토스는 세네카나 마르쿠스 아우렐리우스 등과 달리 자신의 철학에 대한 주관적인 이론 체계를 구상하지 않았다. 도덕철학Moral philosophy이 가르침의 중심이었고 체계적인 인식론은 이를 위한 도구일 뿐이었다. 그가 물리학이나 우주론을 경시했다고 주장한다면 그 비판은 수긍할 만한 것이었다. 이 점을 받아들인다면 우리는 『엥케이리디온』에 투영된 스토아 사상의 가르침에 온전히 동화될 수 있다. 에픽테토스의 인격은 자연에 순응하는 그의 사유에 그대로 통합되어 있다.

이제 우리는 『엥케이리디온』과 『담화록』이라는 두 저서 사이의 분명한 차이점에 대해 살펴보아야 한다. 『담화록』은 학문적인 가르침에 필요한 이론으로 완성한 철학서가 아니라 철학에 이르는 노정들을 예시한 책이다.

책에 등장하는 스승들은 학생들의 다양한 고민과 현실적인 문제들은 물론 그로 인해 파생되는 질문에 대해 변화무쌍한 관점들을 제시한다. 그들은 열정적이고도 냉철하며, 현실적이고도 진지한 도덕주의자의 모습을 보여준다. 스승이 제시하는 가르침과 관점들은 제자들이 스토아학파의 가르침을 적용하고 실천할 수 있는 다양한 실전 상황과 직접적으로 관련되어 있다.

일상의 삶은 누구도 피할 수 없는 과정이고, 그 속을 살아가는 행위의 지침으로서의 철학은 누구에게나 도움이 된다.

이를테면 적대적인 이들이 모이는 저녁 만찬에 참석해야 하는지, 혹은 법정이나 관공서에 출입하는 법도는 무엇인지, 부모님이나 형제자매, 혹은 연인과 잘 지내는 법이 있는지 등 철학자들은 삶의 모든 영역에 대해서 제자들의 올바른 처신을 조언하고 있다.

아리아노스는 『담화록』을 통해 스승의 성품을 묘사했고 여러 상황에서 제자들과 나눈 생생한 대화를 기록하며 철학자들이 제시한 도덕적 방법론을 체계화했다. 에픽테토스는 스승의 입장에서 사람들이 맞이할 수많은 상황들을 설정하고 그 가운데 드러나는 인간관계와 다양한 관점들을 지극히 현대적인 교육철학의 모습으로 가르쳤다.

반면 『엥케이리디온』은 전쟁터의 장교를 위한 교본이다. 이 비유는 진지하게 받아들여져야 한다. 로마 스토아주의는 '삶은 투쟁이다Vivere militare est'라는 도식을 만들었다. 철학에 입문한 제자들은 병사고, 배움을 쌓은 스토아 학파 사람들은 하사관이며, 철학자는 전장의 장교다.

그래서 그들은 군대에서 파생된 은유와 이미지를 즐겨 사용했다. 스토아주의 견습생은 연락병이자 신의 정찰병이며 신성한 자연의 대변자로 묘사되기도 했다. 철학자라는 목표에 근접한 고등 과정의 제자들은 장교의 직급으로 묘사된다. 그들은 내적인 자유와 독립을 이룩할 수 있는 자들이며, 주관적인 인식을 구성하는 스토아 학파의 진리, 즉 우리의 힘으로 통제할 수 있는 것과 없는 것을 구별하는 능력을 함양하고 있다.

부와 건강, 평판, 명성, 권력, 사랑하는 이의 죽음 등 우리의 삶을 구성하는 많은 요소들은 우리가 통제할 수 없는 영역에 놓여 있다. 하지만 생각과 의지, 욕망, 선택 등은 우리의 통제 가능 영역에 속해 있다. 이를 통해 우리는 스스로를 통제하고 대자연의 일부이자 일원으로 살아갈 수 있다.

우리가 자신에 대해 잘 알게 되면 상호의존성으로 얽혀 있는 이 세상에서 더 큰 자유를 얻을 수 있다. 우리가 더 큰 자유를 얻을 수 있다면 더욱 겸허히 자연에 순응하며 살아갈 수 있다. 자기를 절제하고 세상의 섭리를 이해하도록 돕는 합리주의 철학은 정서와 감각이 지배하는 삶에서 금욕주의의 형태로 나타난다. 그래서 철학자는 삶에 찾아오는 이별과 같은 불가피함을 대비하며 언제나 자신의 사랑과 열정과 성품을 살피고 다스리고자 한다.

스토아학파 사람들은 예수의 전위적인 삶을 실천하며 살았다. 그들은 세상에 미련을 두지 않은 사람처럼 일상을 영위했다. 그들에게 삶은 군軍 주둔지 생활이었고 무대 위의 연극이었으며, 잠시 초대받은 만찬이었다.

『엥케이리디온』은 스토아 철학자들이 실행할 수 있는 다양한 역할을 설명하고 있으며, 또한 철학자로서 함양해야 할 덕목들도 어렵지 않은 문장으로 기술하고 있다. 예컨대 사회적인 법도인 규율에 관한 문제부터, 결혼을 앞둔 남녀의 성적 금욕이나, 참된 사유를 이끌어내는 법에 이르기까지, 매우 합리적인 주장들을 펼친 스토아학파의 원칙들이 인간의 행위를 풍요롭게 하는 원리와 철학으로 정리되어 이 작은 책에 담겼다.

『엥케이리디온』은 자기 구원에 이르는 철학적 방법이 있다는 것을 깨달은 모든 지식인들에게 자유를 선사했다. 이후 등장한 모든 세속 사상가들도 신의 은총을 필요로 하지 않는 철학의 등장에 환호했다. 에픽테토스는 철학과 이성이 인간을 자유롭게 하며 건강한 사유를 통해 누구나 자기 자신을 구원할 수 있음을 설파했다.

스토아주의는 자아와 세계, 나와 내 소유, 주관적인 의식과 객관적인 세계, 자유와 종속을 구별했다. 그리고 이러한 개념들은 의도하지 않았어도 현대 합리주의와 객관적 이상주의, 그리고 범신론 등의 기본 개념을 내

포하고 있다. 이 때문에 데카르트Descartes와 그로티우스Grotius•, 버틀러 주교Butler••는 물론 몽테스키외Montesquieu, 애덤 스미스Adam Smith, 칸트Kant에 이르기까지 스토아학파는 역사에 지속적으로 등장했고 또한 재탄생했다. 그리고 오늘날까지 이어지고 있는 이 유파의 유구한 전통에 에픽테토스의 책 『엥케이리디온』은 놀라운 기여를 했다.

에픽테토스와 스토아학파는 다른 언어권으로 전해지면서 철학자와 신학자는 물론 일반 지식인들에게도 깊은 영감을 주었다. 특히 여러 기독교 종파 성직자들과 자연종교를 연구하는 학자들, 그리고 철학과 종교를 분리하고자 하는 독자적인 철학자들에 의해서도 연구됐다. 가톨릭 교회와 성공회 교회에는 로마 스토아주의

• 17세기 네덜란드 법학자.

•• 18세기 영국 철학자.

전통을 기독교 스토아주의로 발전시키려 한 주교들도 있었다. 칼빈주의 교파 가운데도 경건한 삶과 욕망의 절제를 강조하며 스토아학파의 도덕률에 동조했던 사상가들이 있었다. 또한 자연종교 옹호자들은 스토아주의를 보편타당하고 이성적인 종교의 바람직한 모습으로 이해하기도 했다.

이렇게 새로운 모습으로 부상한 스토아주의는 근대 세계에서 다음과 같은 세 가지 역할을 수행했다. 첫째, 기독교 전통과 현대 합리주의 철학의 접점을 모색했다. 둘째, 자연종교의 이상적인 토대를 확립했다. 셋째, 도덕이 자율성을 향해 나아가는 길을 열었다.

앨버트 살로몬ALBERT SALOMON

- 독일계 유태인 사회학자,
더뉴스쿨 연구원 겸 교사

옮긴이 노윤기

건국대학교 철학과를 졸업하고 공기업에서 국제관계와 기업홍보 업무를 보았으나 글로 지식을 매개하는 번역가의 업에 매료돼 바른번역 글밥아카데미와 일리노이대 TESOL 과정을 수료하고 출판기획 및 영어 전문 번역가로 활동하고 있다. 옮긴 책으로 『이 진리가 당신에게 닿기를』, 『군중의 망상』, 『장미의 문화사』, 『지구가 평평하다고 믿는 사람과 즐겁고 생산적인 대화를 나누는 법』, 『옥스퍼드 튜토리얼』, 『단순한 삶의 철학』 등이 있다.

나를 위해 살지 않으면 남을 위해 살게 된다
: 지혜에 관한 작은 책, 엥케이리디온

초판 1쇄 발행 2024년 7월 17일
초판 3쇄 발행 2024년 8월 19일

지은이 에픽테토스
옮긴이 노윤기
펴낸이 김선준

편집이사 서선행
책임편집 오시정 **편집3팀** 최한솔, 최구영
디자인 김세민
마케팅팀 권두리, 이진규, 신동빈
홍보팀 조아란, 장태수, 이은정, 권희, 유준상, 박미정, 박지훈, 이건희
경영관리 송현주, 권송이

펴낸곳 페이지2북스
출판등록 2019년 4월 25일 제 2019-000129호
주소 서울시 영등포구 여의대로 108 파크원타워1, 28층
전화 070)4203-7755 **팩스** 070)4170-4865
이메일 page2books@naver.com
종이 월드페이퍼 **인쇄·제본** 한영문화사

ISBN 979-11-6985-088-9 (03100)